DON QUIJOTE

Don Quijote (adaptación Pablo Gauna) by Miguel de Cervantes Saavedra, illustrated by Emiliano Pereyra. Copyright © 2005 by Editorial Andrés Bello Argentina S.A. Reprinted by permission of Editorial Andrés Bello Argentina S.A.

Houghton Mifflin Harcourt Edition

Printed in the U.S.A.

ISBN-13: 978-0-547-13678-3
ISBN-10: 0-547-13678-1

7 8 9 1083 20 19 18 17

4500643274

Miguel de Cervantes Saavedra

Don Quijote

Adaptación
PABLO GAUNA

Ilustraciones de tapa e interiores
EMILIANO PEREYRA

Hace 400 años...

La historia de don Quijote de la Mancha fue escrita por Miguel de Cervantes Saavedra hace cuatrocientos años.

En esta obra le dio vida a dos personajes inolvidables: don Quijote y Sancho Panza.

Tal vez sean los personajes más famosos y populares del mundo y *El ingenioso hidalgo don Quijote de la Mancha*, a su vez, uno de los libros más leídos de todos los tiempos.

Cervantes tuvo una vida llena de aventuras y emociones que sin duda también merecerían un libro.

Se dice que cuando era muy joven viajó mucho. Luego fue un valeroso soldado que peleó en la muy célebre batalla de Lepanto. Cayó en manos de los árabes y lo tuvieron prisionero durante cinco años. De regreso en España, su país, trabajó como recaudador de impuestos y fue por ese entonces que comenzó a relatar historias.

Cuando escribió El Quijote, Cervantes ya había cumplido cincuenta años.

En las páginas de este libro encontrarás algunas palabras difíciles. Aquí te damos una ayudita.

ASPA: Cada una de las partes de la rueda giratoria del molino. Paleta que captura el viento.

BARBERO: Oficio antiguo. Señor que cortaba el pelo y la barba. Iba de pueblo en pueblo y, por lo tanto, era común verlo por los caminos.

CABALLERO: Antiguo guerrero de a caballo. Los caballeros vestían pesadas armaduras y llevaban lanza, espada y escudo. Algunos viajaban continuamente, y por eso se los llamaba caballeros andantes. Su principal misión era dar justicia y hacer el bien. Tenían que ser "nombrados", por lo que algún rey debía darles el título que les permitiera actuar.

ESCUDERO: Ayudante de caballero.

HIDALGO: Antiguo caballero español, de clase noble y distinguida.

MOLINOS DE VIENTO: Máquina para moler trigo y fabricar harina, conformada por una torre en la cual una rueda con aspas muy grandes gira con el viento.

YELMO: Variedad de casco protector que usaban los caballeros en los combates.

Los personajes

Don Quijote

Sancho Panza

Rocinante y Rucio

Sansón

Dulcinea

La sobrina, la cocinera
y el cuidador de caballos

El Caballero de la Blanca Luna

Don Quijote lee historias de caballerías

Hace muchísimos años, en un lugar llamado La Mancha, un señor de nombre don Alonso Quijano vivía en una linda casa en el campo, junto a su sobrina, una señora que cocinaba y un muchacho que cuidaba de su caballo.

Alonso era un hombre alto y flaco, con una barbita larga y simpática. Los domingos se vestía con su mejor ropa: una camisa blanca y una bonita capa que se echaba al hombro con mucha elegancia.

Cuando iba al pueblo siempre conversaba con el cura, con Nicolás el barbero o con su amigo Sansón.

Alonso llevaba una vida muy tranquila. Cuidaba de sus tierras y en los ratos libres leía viejas historias de caballeros, de los que usaban lanza y armadura.

No había nada que le gustara más. Se pasaba horas, horas y más horas soñando que era un valiente caballero.

Por eso, poco a poco, Alonso fue perdiendo su casa, su dinero y la cabeza. Ya no conversaba con sus amigos, ni con nadie, porque prefería vivir en su mundo de fantasías.

Un buen día, Alonso decidió abandonar su casa y andar por los caminos. Para él había llegado el tiempo de las aventuras.

En su casa encontró una espada vieja, una armadura destartalada y se hizo un yelmo con hierros y cartones.

Buscó a su caballo y aunque era puro huesos, a él le pareció el más soberbio. Lo llamó Rocinante.

Alonso también necesitaba otro nombre, uno a la medida de sus futuras hazañas. Resolvió llamarse don Quijote... don Quijote de la Mancha.

Sólo le faltaba una dama de la cual enamorarse, porque todos los caballeros están enamorados de alguna dama. Se acordó entonces de Aldonza, una campesina; decidió llamarla Dulcinea y convertirla en su amada.

Don Quijote estaba muy contento con todos estos preparativos y se decía: "Si encuentro un gigante y lo derroto lo llevaré para que se arrodille ante Dulcinea y le diga: 'Soy el gigante Caraculiambro, vencido por el gran caballero don Quijote de la Mancha. Puedes disponer de mí'".

Ya tenía sus armas, su caballo y una dama en quien pensar. No quiso esperar más. Había demasiados problemas e injusticias en el mundo.

Don Quijote es nombrado caballero

Con estos bellos pensamientos, don Quijote montó su Rocinante y salió al camino.

Al poco tiempo de andar, don Quijote tuvo su primera preocupación, pues no podía salir de aventuras sin antes ser nombrado caballero.

Al caer la noche, él y Rocinante estaban cansados y hambrientos. De pronto vio una posada y cuando llegó a la puerta se convenció de que lo que estaba frente a sus ojos era un castillo.

Poco después apareció el posadero, un hombre gordo y bonachón, al cual don Quijote tomó por el señor del castillo.

El posadero llamó a dos muchachas para que lo atendieran. Le sir-
vieron una comida espantosa pero
a don Quijote le pareció un man-
jar; las muchachas, feas y poco sim-
páticas, eran para él dos bellísimas
damas de la corte. Todo aquello lo
hacía sentir muy halagado, pero la
preocupación que tenía no lo aban-
donaba ni por un momento.

Entonces se arrodilló y le suplicó al posadero que
lo nombrara caballero. Únicamente así podría cum-
plir su sueño de salir por el mundo para hacer justicia y dar protección a los más necesitados. El posadero, sólo por seguirle la corriente a su raro huésped,
aceptó y prometió nombrarlo caballero.

La ceremonia fue muy breve pero a don Quijote
le resultó de lo más apropiada. El posadero tomó un
libro cualquiera, lo abrió al azar y le ordenó a don
Quijote arrodillarse. Mientras un muchacho con una
vela alumbraba la ridícula escena, el posadero, con
gestos majestuosos, murmuró unas palabras incom-
prensibles. Luego, alzó la vieja espada por encima de

la cabeza de don Quijote y le dio un buen golpe; después le ordenó a las muchachas que le ataran la espada a la cintura y le calzaran las espuelas.

Fue así como don Quijote fue nombrado caballero. Montó su caballo y en medio de incontables agradecimientos, salió de la posada listo para la aventura.

Sin embargo, todavía no estaba listo del todo. Le faltaban algunas camisas limpias, un poco de dinero y algo mucho más importante: un escudero.

Don Quijote y Sancho Panza

Mientras nuestro caballero regresaba a su casa, no dejaba de pensar en la belleza de su dama, la incomparable Dulcinea. En ese momento, vio a unas personas que se acercaban y, sin dudarlo, se detuvo en medio del camino y les gritó:

—¡Deténganse! ¡Si no confiesan que Dulcinea es la mujer más hermosa del mundo, no los dejaré pasar!

Los viajeros cruzaron miradas de asombro. ¿Quién era ese

extraño que les cortaba el paso? Rápidamente comprendieron que ese caballero era un chiflado. Sólo para burlarse le respondieron:

—Señor, no conocemos a la tal Dulcinea. Muéstrenos un retrato y le diremos que es la más hermosa, aunque le falte un ojo o no tenga dientes.

Ese comentario hizo enfurecer a don Quijote. ¡Dulcinea fea, imposible!

Empuñó su lanza y cargó contra aquellos irrespetuosos. Pero la suerte no le fue favorable, porque Rocinante tropezó con una piedra y don Quijote salió disparado por el aire. Rojo de indignación y negro de tierra, don Quijote gritaba:

—¡No huyan cobardes! ¡No huyan!

Los viajeros le dieron la espalda y continuaron su camino, y don Quijote, con el cuerpo dolorido y el orgullo abollado, se puso de pie y siguió como pudo.

Una vez en casa, don Quijote pidió sus libros, pero sus amigos, preocupados por su salud, habían cerrado con una pared la habitación donde se encontraba su biblioteca. Su sobrina, para calmarlo, le dijo:

—Esto fue obra de un mago que bajó de una nube. Él se llevó los libros de la biblioteca.

—Sí, ese fue Frestón —respondió misterioso nuestro caballero—. Busca lastimarme. Sabe que derrotaré a sus protegidos.

Mientras se recuperaba de la caída, don Quijote intentaba convencer a un vecino para que lo acompañase. Era éste un campesino y, aunque un poco torpe, tenía un corazón de pan.
Se llamaba Sancho Panza.

A los pocos días, los dos hombres partieron. Don Quijote, con Rocinante, y Sancho, con su burro Rucio. El primero, deseoso de aventuras, y el otro, de fortuna.

Don Quijote y los gigantes

Al tiempo de haber andado, descubrieron un campo con muchos molinos de viento. Don Quijote le dijo a su escudero:

—Sancho, estamos de suerte, ¿ves aquellos gigantes? Les daré batalla. Es mi deber eliminar a esos malvados.

—Esos no son gigantes, señor, sino molinos de viento.

—Miedoso, no sabes nada de aventuras. ¡Quítate de mi paso!

Y empujando a su compañero hacia un costado,

don Quijote arremetió contra los molinos, justo cuando comenzaron a girar sus enormes aspas.

Don Quijote gritaba:

—¡No me asustan sus poderosos brazos! ¡No huyan, que es un caballero el que los ataca!

Creyó entonces que su lanza hería a un gigante, pero en realidad era un aspa, que al girar arrastró consigo a nuestro caballero y a Rocinante, derribándolos tan aparatosamente que daba pena verlos.

Sancho llegó a toda velocidad, montado sobre Rucio para socorrerlo.

—¡Ay, Señor, qué mal está! ¡Le dije que no eran gigantes sino molinos!

—Calla Sancho. Esto es obra de Frestón que convirtió a los gigantes en molinos.

Sancho lo ayudó a levantarse y a montar al maltrecho Rocinante, y continuaron con su marcha.

Después de ese episodio, vivieron muchas otras desventuras, que se fueron amontonando como las hojas que caen de los árboles en el otoño.

El encuentro con los valientes caballeros

Cierto día, Sancho iba rezongando:

—Señor, lo mejor sería volver y dejar de andar de acá para allá. ¿No le parece?

—Sé paciente, Sancho, que ya tendremos nuestro desquite.

No terminó de decir la frase cuando vio que se acercaba una inmensa polvareda.

—Sancho, hoy cambiará nuestra suerte. ¿Ves aquella polvareda? Es un ejército que avanza. ¿Puedes verlos? Allí vienen Micocolembo, Brandabarbarán y tantos otros valientes caballeros.

Sancho se esforzaba y miraba, pero no veía nada.

—¿Es posible que no oigas los clarines y los relinchos?

—Señor, lo único que escucho es el balido de muchas ovejas.

Y era cierto, porque lo que se acercaba por el campo era una inmensa majada de ovejas.

—El miedo no te deja ver. Retírate, el campo de batalla me reclama.

Partió don Quijote como un rayo y se metió de lleno en medio de la majada.

Los pastores que cuidaban las ovejas, sorprendidos, le gritaron una y otra vez que se fuera, pero al ver que no hacía caso, comenzaron a tirarle piedras.

Don Quijote, sin acobardarse, exclamaba con furia:

—¿Dónde están, guerreros? ¡Vengan a probar fuerzas conmigo!

Otra lluvia de piedras cayó sobre el hidalgo, derribándolo del caballo.

Los pastores reunieron rápidamente a sus ovejas y se alejaron del lugar, dejando a don Quijote tirado en la tierra y sin sentido.

Como siempre, fue Sancho quien se apresuró a socorrerlo.

—¿Señor, por qué no quiso oírme cuando le dije que eran ovejas?

—Sancho, otra vez ese mago envidioso ha cambiado todo para impedirme triunfar.

Machucado y herido en su amor propio, don Quijote retomó el camino, mientras el bueno de Sancho le daba charla para que olvidara sus penas.

El yelmo de Mambrino

Días después, don Quijote vio que se acercaba un hombre montado. A la luz del sol, la cabeza le brillaba como oro.

—Mira, Sancho, allí viene un caballero montando su caballo y tiene la cabeza cubierta con un yelmo de oro.

—Lo que veo es un hombre sobre un asno y en su cabeza una cosa que relumbra —respondió Sancho.

—Pues en su cabeza trae el famoso yelmo de Mambrino. Será mío.

Como ya habrán sospechado, otra vez don Quijote veía lo que no era. Y lo que creía un yelmo de oro era una vulgar palangana de lata que un pobre barbero usaba para cubrirse del sol. Ya no hubo modo de que entrara en razón y cabalgó contra el hombre gritando:

—¡Defiéndete o ríndete!

El barbero vio venir a aquel fantasma a todo galope, listo para golpearlo con la lanza, y no tuvo más remedio que dejarse caer del asno y correr más rápido que una liebre, dejando la palangana olvidada en el suelo.

Don Quijote, contento, decidió probarse en su cabeza el trofeo que había conquistado y notó que le quedaba grande.

—No hay duda de que su primer dueño debió tener una cabeza enorme. Pero yo conozco la historia de este yelmo mágico y lo usaré con orgullo.

Después almorzaron y se fueron por donde Rocinante quiso llevarlos.

Don Quijote defiende
a la princesa Micomicona

Tiempo después, Sancho y su señor llegaron a otra posada. Pedían por favor que les dieran dos camas, pues estaban agotados y doloridos después de tantos golpes y caídas. Además, habían bebido el jarabe de Fierabrás que don Quijote mismo había preparado. Decía que era una bebida mágica capaz de curar cualquier herida, pero sólo era un menjunje asqueroso que les había provocado unos horribles dolores de barriga.

Esa noche, cuando todos dormían, Sancho comenzó a gritar:

—¡Ayuden a mi señor, que lucha con un gigante enemigo de la princesa Micomicona!

Todos corrieron a ver qué ocurría, mientras escuchaban a don Quijote:

—¡Ríndete maldito, tu espada ya no sirve!

—No puede ser —se lamentó el desesperado posadero—. Don Quijote está peleando con los cueros donde guardo el vino.

Entraron en el cuarto y encontraron a don Quijote en camisón y con un gorro de dormir en la cabeza; en una mano tenía una frazada y en la otra, su espada.

Y lo más sorprendente: ¡estaba dormido!

Con su espada había agujereado los cueros y el vino corría por todas partes. El posadero furioso lo golpeó pero no pudo despertarlo y sólo cuando le tiraron un baldazo de agua fría pareció reaccionar.

Entonces don Quijote dijo:

—Señora, puedes estar tranquila pues he cumplido con mi deber. El gigante ya no te molestará.

Todos reían con los disparates de don Quijote,

todos, menos el posadero, que maldecía su mala suerte.

Entonces don Quijote le pidió a Sancho que lo ayudara a vestirse y le dijo:

—Vámonos Sancho, iremos donde otros necesiten nuestra ayuda.

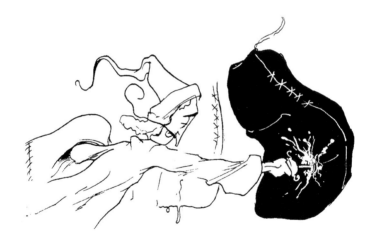

Don Quijote y el Caballero de la Blanca Luna

Don Quijote y Sancho llegaron a orillas del mar.

Una mañana, mientras caminaba por la playa, don Quijote observó que se acercaba otro caballero. En el escudo llevaba pintada una luna.

Cuando se encontraron le dijo:

—Soy el Caballero de la Blanca Luna y vengo a combatir contigo. Quiero que confieses que mi dama es más hermosa que Dulcinea. Si triunfo, me prometerás regresar a tu casa, dejar las aventuras y vivir en paz. Si el triunfador eres tú, podrás disponer de mí.

Don Quijote, sorprendido aunque siempre listo para la lucha, respondió:

—Seré yo quien te haga confesar que mi Dulcinea es la más hermosa de todas las damas.

Tomaron sus puestos y comenzaron la lucha. El Caballero de la Blanca Luna era más rápido y más fuerte que don Quijote.

El choque fue impresionante y el misterioso retador consiguió derribarlo. Enseguida se acercó a don Quijote, quien a pesar del terrible golpe, pudo decirle:

—Ya me quitaste el honor, sólo te puedo ofrecer mi vida.

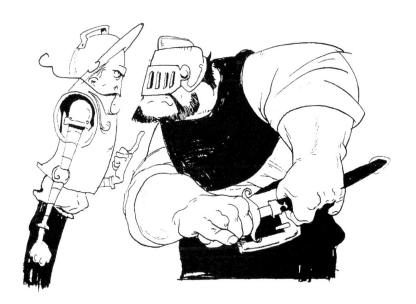

—No la quiero —respondió el caballero—. Me conformo con que el gran don Quijote cumpla con su palabra de caballero.

Así partió el misterioso caballero, mientras unas personas, que estaban allí mirando el combate, se aproximaron al maltrecho don Quijote y se lo llevaron para curarlo.

Sancho no sabía qué hacer. Mientras miraba a su señor, sentía mucha tristeza.

Para acomodar sus descalabrados huesos, don Quijote debió quedarse seis días en cama. Nunca supo que el caballero que lo había derrotado era su amigo Sansón. Hacía tres meses que lo buscaba y había sido necesaria esa treta para lograr que don Quijote regresara a su casa y abandonara sus chifladuras.

Sancho, decidido, le pidió a don Quijote:

—Señor mío, regresemos a casa que ya hemos tenido demasiadas aventuras.

De regreso en casa

Fue así que
emprendieron
el regreso, don
Quijote desarmado y
Sancho de a pie, pues
Rucio cargaba con la ar-
madura.

Luego de andar un tiempo, finalmente llegaron a
la aldea. En la casa fueron recibidos con mucha ale-
gría. Allí estaban para abrazarlos el cura, el barbero,
Sansón, la cocinera, la sobrina y Teresa Panza, la es-
posa de Sancho, con su hijita Sanchita.

Don Quijote les contó a sus amigos las aventuras que había vivido y por qué volvía a casa. Les dijo

también que ahora que no podía batallar sería pastor, y que ya encontraría el modo para seguir haciendo el bien.

Todos quedaron helados ante esa nueva loca idea de don Quijote, pero la aceptaron con tal de que no se fuera otra vez.

Después, don Quijote les pidió a su sobrina y a la cocinera que lo llevaran a su cama porque se sentía un poco enfermo.

Muchas habían sido las noches frías, las caídas, las desilusiones que nuestro caballero había sufrido, y ahora se sentía muy débil.

El médico que lo revisó dio malas noticias, porque dijo que don Quijote estaba enfermo.

En la casa estaban muy tristes y Sancho, siempre fiel a su señor, no se movía de su lado. Sus amigos no dejaban de acompañarlo ni un minuto, y don Quijote les rogó que no se preocuparan y también les pidió que lo dejaran solo porque quería dormir un rato.

Despertó después de varias horas y les dijo a quienes estaban en su habitación:

—¡Alégrense, amigos, porque dejé de ser don

Quijote y soy otra vez Alonso, el de siempre! ¡Recuperé la cordura y no quiero que me recuerden como a un loco!

Grande fue el asombro de todos y les costó mucho creer en la milagrosa recuperación.

Sancho era el más conmovido, porque ya fuera don Quijote o Alonso Quijano, siempre había sido muy bueno con él.

Don Quijote mandó entonces a llamar a toda su gente porque había comprendido que ya había llegado su hora de descansar y no quería dejar este mundo sin despedirse de su familia y de sus amigos. Luego, serenamente, volvió a dormirse; pero esta vez lo hizo para siempre.

Así termina esta historia, pero al

mismo tiempo nace otra que el paso de los siglos no podrá borrar. Es la historia del ingenioso hidalgo don Quijote de la Mancha y de su fiel escudero Sancho Panza, que vivirán por siempre en la imaginación y en el corazón de la gente.

Indice